으라차차! 바이크 프렌즈 1

1판 1쇄 인쇄 2025년 4월 24일
1판 1쇄 발행 2025년 5월 1일

펴낸이	정원우
지은이	김진태, 채원정
그린이	김민지
삽화	하얀사자
편집	이원석

펴낸곳	어깨 위 망원경
출판등록	2021년 7월 6일 (제2021-00220호)
주소	서울시 강남구 강남대로 118길 24 3층
이메일	tele.director@egowriting.com

ISBN   979-11-93200-11-7 (77550)

ⓒ2024, 김진태, 채원정, 김민지 All rights reserved.
이 책은 저작권법에 따라 보호받는 저작물이므로 무단전재와 무단복제를 금지하며,
이 책의 내용을 이용하려면 반드시 저작권자와 본사의 서면동의를 받아야 합니다.

마침내 으라차차! 바이크 프렌즈가 세상의 빛을 보게 되었습니다.
이 책은 어린이들이 자전거에 대한 흥미를 가지고, 일상생활 속에서
자전거를 더 많이 이용할 수 있기를 바라는 마음에서 시작되었습니다.

또한 자전거를 탈 때 꼭 알아야 할 교통안전수칙을 쉽게 이해하고
안전하게 자전거를 탈 수 있도록 돕고자 하는 마음도 담겨 있습니다.

자전거문화사회적협동조합은 자전거면 충분하다는 모토 아래 자전거
안전교육, 자전거 정책 연구 등을 수행해 왔습니다.

2017년부터 찾아가는 자전거 안전교육을 진행하며, 어린이들이 더욱
쉽고 재미있게 자전거 안전수칙을 배울 수 있는 방법을 고민해왔습니다.
그리고 지난 2024년에 보다 효과적인 교육 콘텐츠를 제공하기 위해
(주)바이크프렌즈를 설립하고 다양한 안전교육 콘텐츠를
제작하고 있습니다.

콘텐츠 제작은 처음이라 많은 시행착오가 있었습니다. 그 과정에서 함께
노력해준 조합원과 직원 전체에게 깊은 감사를 전합니다. 여러분들의
헌신 덕분에 이 책이 세상에 나올 수 있었습니다.

으라차차! 바이크 프렌즈에는 각기 다른 계기로 자전거를 타게 된 네 명의
아이들이 등장합니다. 그리고 아이들은 자전거를 좋아하는 마음

하나로 뭉쳐 어울리게 됩니다.

아이들은 어떤 새로운 도전과 어려운 문제를 만나더라도 서로 돕고, 힘을 합쳐 해결 방법을 찾고 함께 기쁨을 나눕니다.

이 책을 읽는 어린이들도 바이크 프렌즈와 함께 자전거 모험을 하며 도전정신과 협동심을 배우고, 스스로 문제를 해결할 수 있다는 자신감을 얻길 바랍니다.
또한 이 책이 어린이들에게 자전거의 즐거움과 안전한 이용 방법을 전하는 데 작은 도움이 되기를 희망합니다.

자전거문화사회적협동조합과 (주)바이크프렌즈 일동

목차

1장
우리의 첫 만남! 밸런스 바이크 대회……11

2장
전학생의 놀라운 자전거……………33

3장
으라차차! 바이크 프렌즈……………47

4장
아기 고양이 구출 대작전……………61

5장
길 잃은 동수를 찾아라!………………79

6장
바다는 못 말려(1)……………………93
속도계를 달다

7장
바다는 못 말려(2) ·····················101
펑크 대처법

8장
가을이다! 밤 따러 가요 ················109

9장
꿀벌이 위험해! ·······················119
말벌 대소동

부록
미션! 미로찾기 ······················131
정답 ·······························150

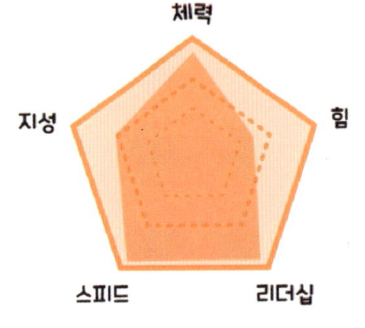

바이크 프렌즈의 리더. 체력이 좋고 길도 잘 찾는다. 호기심이 많아 자주 사고를 치긴 하지만, 리더로서 솔선수범하며 해결책을 찾는다. 스피드를 즐기며 로드바이크를 탄다.

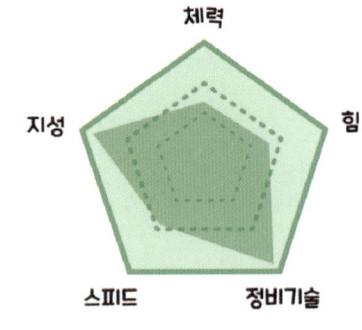

자전거에 대해 모르는 게 없고, 정비, 조립, 발명까지 해내는 능력자다. 체력이 약한 편이라 평소에 접이식 미니벨로를 타고 다니며, 힘들 땐 대중교통을 이용한다.

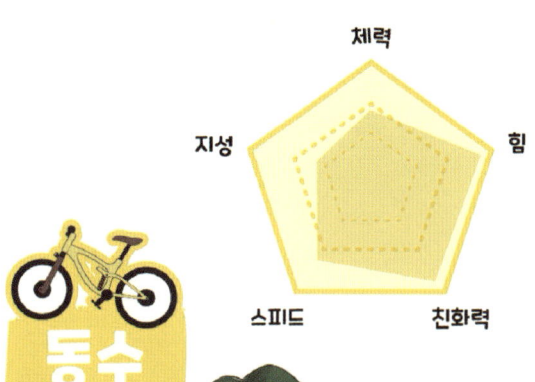

동수

힘이 세서 한 손으로 자전거를 번쩍 들어 올린다. 보기와 달리 굉장히 섬세하고 자연과 동식물을 좋아한다. 산에서 MTB를 타는 게 취미다.

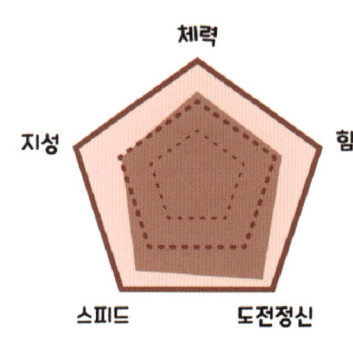

아샤

우연히 BMX 기술을 보고 첫눈에 반했다. 스릴을 즐기며 운동신경도 매우 뛰어나다. 수없이 넘어지면서도 절대 포기하지 않는 끈기로 고급 BMX 기술을 모두 마스터했다.

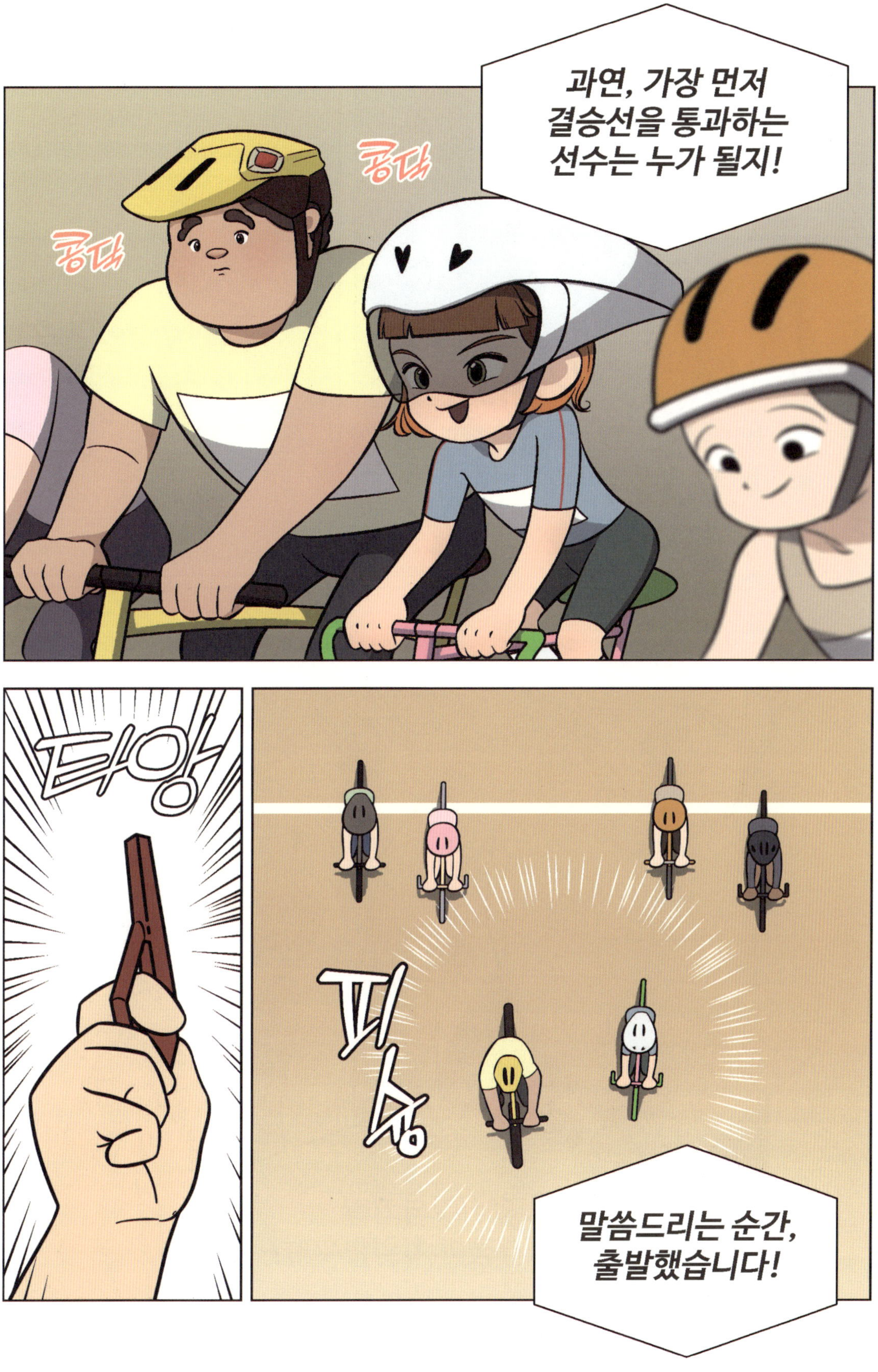
과연, 가장 먼저
결승선을 통과하는
선수는 누가 될지!
콩닥
콩닥
타앙
피슝
말씀드리는 순간,
출발했습니다!

2화
전학생의 놀라운 자전거

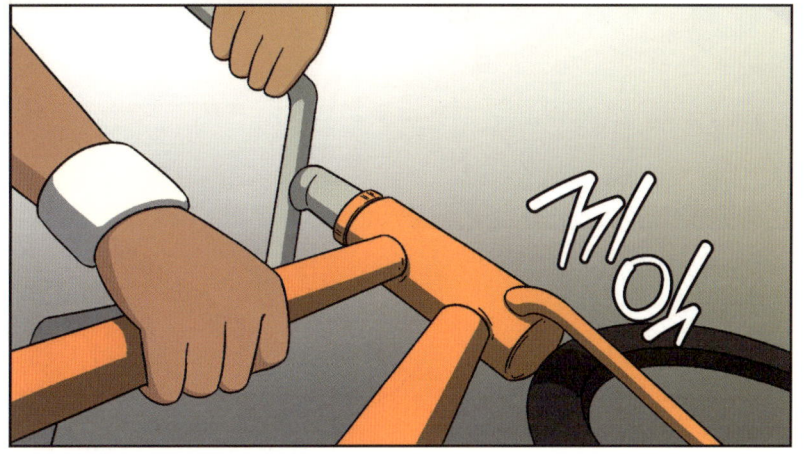

3화
으라차차! 바이크 프렌즈

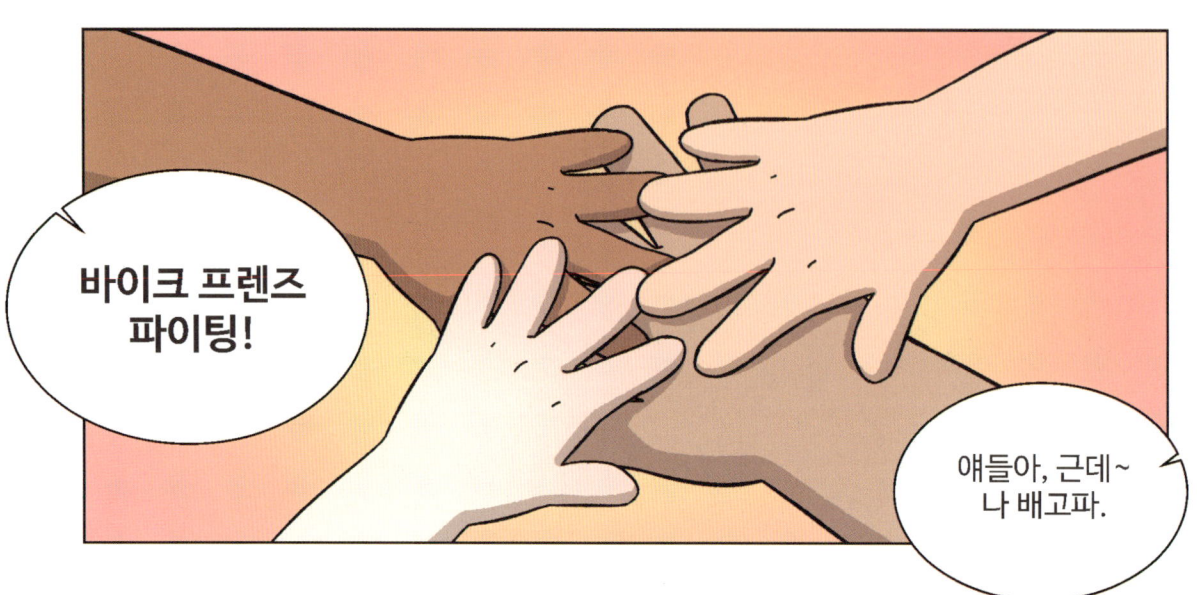

6화
바다는 못 말려(1) 속도계를 달다

7화
바다는 못 말려(2) 펑크 대처법

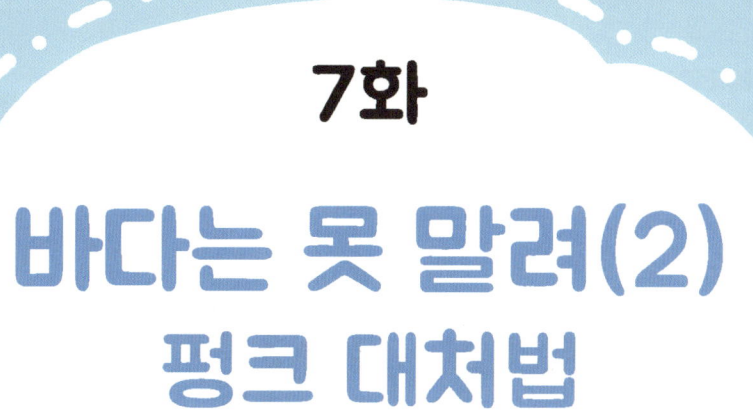

8화
가을이다! 밤 따러 가요

9화
꿀벌이 위험해! 말벌 대소동

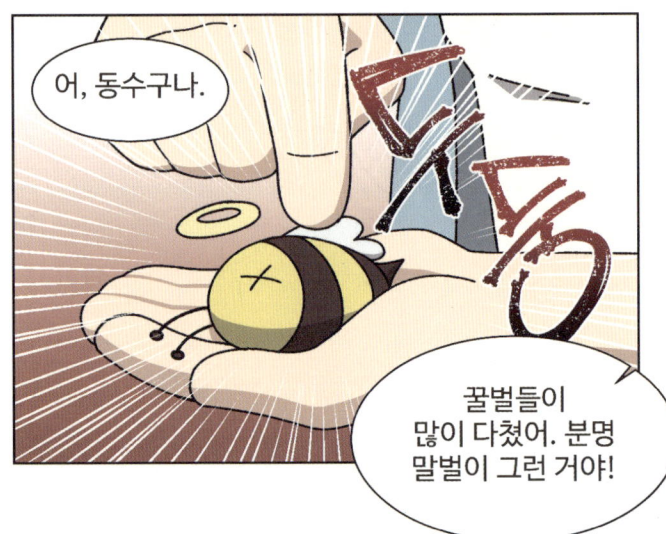

1. 모든 미로는 **출발점**에서 **도착점**으로 가요.
2. 도착점으로 가는 길이 하나가 아닐 수도 있어요.
3. 하지만 돌아가지 말고 **가장 빠르게 도착점으로 가는 길**을 찾아보세요.
4. 너무 어렵다고요? 그렇다면 **150쪽**을 펼쳐 정답을 확인해 보세요.

친구들! 지금부터 바이크 프렌즈와 함께 미션! 미로찾기 시작

✓ **MTB 헬멧**

오프로드 주행 시 햇빛과 나뭇가지로부터 얼굴을 보호하기 위해 차양이 있는 것이 특징이다.

✓ **달콤한 사탕**

배가 고프면 아무것도 할 수 없다.

✓ **꽃과 곤충**

너무 예뻐 보기만 해도 힘이 난다.

✓ **산악자전거 (MTB)**

충격 흡수 장치와 강력한 브레이크, 폭이 넓은 타이어를 가지고 있어 산악 지형에서 탈 수 있다. 고단 기어가 있어 가파른 언덕도 문제 없다.

✓ 바이크 헬멧

둥글고 튼튼한 디자인이 특징이다. 격렬하고 다양한 기술을 수행할 때 머리를 보호하기 위해 충격흡수와 강도를 극대화한 형태로 만들어졌다.

✓ 훈련 일지

BMX 기술을 완벽히 해내기 위해 매일 훈련 일지를 작성한다.

✓ 트로피

BMX 대회에서 수상한 우승 트로피다.

✓ BMX

Bicycle Motocross의 약자로 사이클 스포츠, 특히 경주 또는 스턴트 라이딩에 사용되는 자전거.

달려라! 자전거 대회 | 134P

비밀의 숲 | 135P

아기 고양이를 구해줘 | 136P

캠핑을 떠나요 | 137P

바다에 빠진 아이를 구해라! | 138P

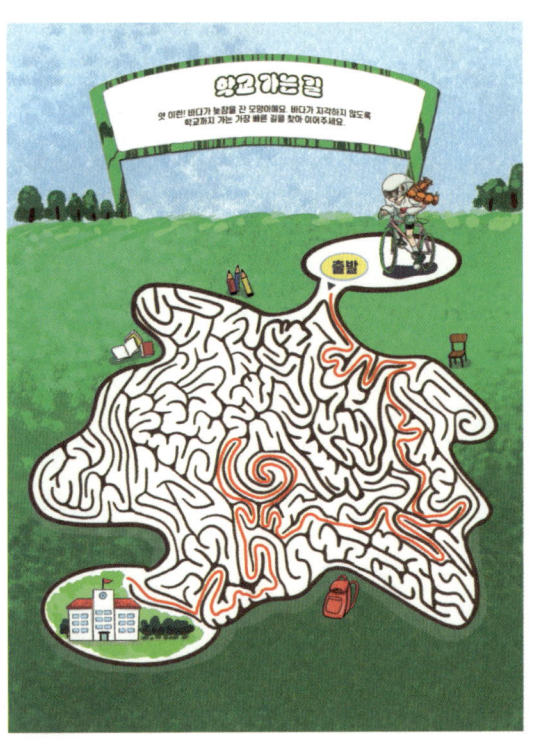
학교 가는 길 | 139P

다람쥐와 밤을 나눠 먹어요 | 140P

가장 부지런한 꿀벌은? | 141P

알림

바이크 프렌즈는 자전거를 타고 신나는 모험을
함께 떠날 친구들을 기다리고 있어요!
바이크 프렌즈의 이야기가 궁금하다면
QR코드를 스캔해보세요!

QR코드를 통해 홈페이지에 방문하여 미션을 수행하면
자전거 안전교육 수료증을 발급받을 수 있습니다.